RÉPUBLIQUE FRANÇAISE

MINISTÈRE DE L'HYGIÈNE,
STANCE ET DE LA PRÉVOYANCE SOCIALES

DÉCRET PORTANT RÈGLEMENT

DE

POLICE SANITAIRE MARITIME

DÉCRET DU 26 NOVEMBRE 1921

MELUN
IMPRIMERIE ADMINISTRATIVE

1926

RÉPUBLIQUE FRANÇAISE

MINISTÈRE DE L'HYGIÈNE,
DE L'ASSISTANCE ET DE LA PRÉVOYANCE SOCIALES

DÉCRET PORTANT RÈGLEMENT

DE

POLICE SANITAIRE MARITIME

DÉCRET DU 26 NOVEMBRE 1921

MELUN
IMPRIMERIE ADMINISTRATIVE
1926

DÉCRET

PORTANT

RÈGLEMENT DE POLICE SANITAIRE MARITIME

LE PRÉSIDENT DE LA RÉPUBLIQUE FRANÇAISE,

Sur le rapport du Ministre de l'Hygiène, de l'Assistance et de la Prévoyance sociales ;

Vu la loi du 3 mars 1822 sur la police sanitaire ;

Vu le décret du 4 janvier 1896, portant Règlement général de Police sanitaire maritime ;

Vu le décret du 15 juin 1899, notamment l'article 3, portant modification aux articles 56, 57, 59, et 60 du décret du 4 janvier 1896 ;

Vu le décret du 23 novembre 1899, accordant exemption de droits sanitaires aux navires en relâche forcée ou volontaire ;

Vu le décret du 13 décembre 1901, et les arrêtés ministériels des 14 octobre 1897 et 24 décembre 1902, relatifs aux fonctions de Médecin sanitaire maritime ;

Vu la loi du 15 février 1902, relative à la Protection de la Santé publique ;

Vu le décret du 4 mai 1906, relatif à la destruction des rats à bord des navires ;

Vu le décret du 8 novembre 1905, relatif aux taxes sanitaires applicables aux bateaux d'excursion ;

Vu la loi du 21 mars 1905, sur le Recrutement de l'Armée (Titre IV. — Chapitre IV), le décret du 26 août 1905 rendu en exécution de la dite loi, et le décret modificatif du 27 août 1911 ;

Vu le décret du 5 avril 1907, relatif à la prophylaxie des maladies transmissibles, dans les ports français ;

Vu la loi du 17 avril 1907, sur la sécurité de la navigation maritime, la réglementation du travail et l'hygiène à bord des navires, ainsi que le décret du 21 septembre 1908, rendu en exécution de la dite loi ;

Vu le décret du 13 janvier 1912, sur les patentes de santé,

Vu le décret du 7 juin 1919, relatif aux conditions de recrutement et de nomination des fonctionnaires du Service sanitaire maritime, docteurs en médecine ;

Vu le décret du 2 juin 1920, relatif aux conditions de recrutement et de nomination du personnel du Service sanitaire maritime, non pourvu du diplôme de docteur en médecine ;

Vu la Convention sanitaire internationale signée à Paris, le 17 janvier 1912 et le décret du 14 octobre 1920, portant promulgation en France de la dite Convention ;

Vu le projet présenté par le Directeur de la Santé publique et de l'Hygiène sociale, et l'avis de la Commission technique spécialement constituée en vue de son examen ;

Vu les avis du Ministre de la Justice, du Ministre de l'Intérieur, du Ministre des Affaires étrangères, du Ministre des Finances, du Ministre de la Guerre, du Ministre de la Marine, du Ministre des Travaux publics, du Ministre du Commerce, de l'Industrie et des P. T. T., du Ministre de l'Agriculture et du Ministre des Colonies ;

DÉCRÈTE :

TITRE PREMIER

Objet de la Police sanitaire maritime.

Article premier. — Le choléra, la fièvre jaune et la peste, ainsi que les autres maladies transmissibles et importables par voie de mer, visées au présent décret, déterminent en France et en Algérie l'application de mesures sanitaires permanentes.

Art. 2. — Des mesures de précaution peuvent toujours être prises par l'Autorité sanitaire contre un navire dont les conditions hygiéniques sont jugées douteuses.

TITRE II

Patente de Santé.

Art. 3. — La patente de santé est un document qui a pour objet :

1° De faire connaître l'état sanitaire des pays de provenance et d'escale, particulièrement l'existence ou la non-existence dans ces pays des maladies pestilentielles exotiques, telles que le choléra, la peste, la fièvre jaune ;

2° De mentionner tous renseignements de nature à éclairer, au point de vue sanitaire, les autorités des ports d'arrivée sur les mesures de prophylaxie applicables au navire intéressé.

Art. 4. — Le navire ne doit avoir qu'une seule patente de santé par voyage, du port de départ au port de destination extrême.

Ce document se compose de la patente proprement dite, établie au port de départ, et des visas apposés par les autorités coloniales ou consulaires dans les ports d'escales successifs. Patente et visas sont libellés d'après une formule arrêtée par le ministre de l'Hygiène, de l'Assistance et de la Prévoyance sociales ; ils sont datés du jour où ils sont délivrés et ne sont valables que s'ils ont été établis dans les quarante-huit heures qui ont précédé le départ du navire.

Art. 5. — En France, la patente est établie par l'Autorité sanitaire du port et délivrée gratuitement à tout capitaine.

A l'étranger, la patente de santé est délivrée aux navires français à destination de France par le consul français du port ou, à défaut de consul, par l'autorité locale.

S'il s'agit de navires étrangers à destination de France, la patente peut être délivrée par l'autorité locale, mais dans ce cas elle doit être visée et annotée, s'il y a lieu, par le consul français du port.

Art. 6. — Le capitaine d'un navire ne doit, en aucun cas, se dessaisir de sa patente de santé jusqu'à son arrivée au port de destination.

Art. 7. — La présentation, à l'arrivée dans un port de France, d'une patente de santé est, en tout temps, obligatoire pour les navires provenant :

1° Des ports situés hors d'Europe, à l'exception des ports d'Algérie, de Tunisie et des ports situés en Amérique sur l'océan Atlantique au nord du 40° degré de latitude nord ;

2° Des ports de la mer Noire et des côtes de la Turquie d'Europe sur l'Archipel et la mer de Marmara.

Le visa consulaire de la patente de santé est en tout temps obligatoire au même titre que la patente elle-même pour les navires ayant fait escale dans les ports mentionnés aux paragraphes précédents.

Art. 8. — Le visa de la patente par les autorités coloniales ou consulaires est obligatoire pour les navires qui font l'objet de l'article 7 dans tous les ports d'escale à partir du moment où ils doivent être obligatoirement pourvus de la patente et jusqu'à leur arrivée dans les ports français.

Art. 9. — Sont dispensés en conséquence de produire normalement une patente et les visas coloniaux ou consulaires s'y référant les navires qui proviennent :

1° Des ports d'Europe autres que ceux de la mer Noire et des côtes de la Turquie sur la mer de Marmara et l'Archipel ;

2° Des ports d'Algérie et de Tunisie ;

3° Des ports situés en Amérique sur l'océan Atlantique au nord du 40e degré de latitude nord.

Art. 10. — La présentation de la patente est rendue obligatoire par décision du ministre de l'Hygiène, de l'Assistance et de la Prévoyance sociales pour les navires provenant des ports mentionnés à l'article 9 lorsque ces ports sont contaminés par une maladie pestilentielle.

La même obligation peut être étendue aux circonscriptions qui se trouvent soit à proximité des dits ports, soit en relations directes avec eux.

L'obligation de la patente entraîne pour les navires auxquels s'appliquent les paragraphes précédents l'obligation du visa colonial ou consulaire dans tous les ports ultérieurement touchés en escale par ces navires suivant les mêmes conditions que celles qui sont indiquées à l'article 8.

Dans les cas prévus ci-dessus, l'obligation de la patente et du visa corrélatif est immédiatement portée à la connaissance du public notamment par la voie du *Journal officiel* de la République française et par l'intermédiaire des consuls résidant à l'étranger.

Art. 11. — Le capitaine d'un navire dépourvu de patente de santé alors qu'il devrait en être muni, ou ayant une patente irrégulière au point de vue notamment de l'absence des visas coloniaux ou consulaires qui devraient y être apposés, est passible, à son arrivée dans un port français, des pénalités édictées par l'article 14 de la loi du 3 mars 1822, sans préjudice des mesures auxquelles le navire peut être assujetti par le fait de sa provenance et des poursuites qui pourraient être exercées contre lui en cas de fraude.

Toutefois, si le navire se trouve dans les conditions visées aux paragraphes 1 et 2 de l'article 10 l'application des dites pénalités est subordonnée au délai dans lequel le capitaine a eu connaissance de l'obligation imposée et à la justification qu'il peut en fournir.

Art. 12. — La patente de santé est nette ou brute. Elle est *nette* quand elle constate l'absence de maladies pestilentielles dans la ou les circonscriptions d'où vient le navire. Elle est *brute* dans le cas contraire.

Le caractère de la patente est apprécié par l'Autorité sanitaire du port d'arrivée.

TITRE III

Mesures sanitaires au port de départ, pendant la traversée et dans les ports d'escale contaminés.

Art. 13. — Le capitaine d'un navire français ou étranger se trouvant dans un port de France ou d'Algérie et se disposant à quitter ce port, est tenu d'en faire la déclaration à l'Autorité sanitaire avant d'opérer son chargement ou d'embarquer ses passagers.

Art. 14. — Dans le cas où elle le juge nécessaire, l'Autorité sanitaire a la faculté de procéder à la visite du navire avant le chargement et d'exiger tous renseignements et justifications utiles concernant la propreté des vêtements de l'équipage, la qualité de l'eau potable embarquée et les moyens de la conserver, la nature des vivres et des boissons, l'approvisionnement, au double point de vue de la quantité et de l'état de conservation, des sérums et vaccins, et, en général, tous les moyens de prophylaxie dont l'emploi est prévu au présent décret.

L'Autorité sanitaire peut, dans le même cas, prescrire la désinfection du linge sale, soit à terre, soit à bord. Elle pourra ordonner, si les circonstances l'exigent, la dératisation et la désinfection du navire avant le départ. Elle pourra prescrire la visite médicale, et, s'il y a lieu, l'épouillage des passagers civils ou militaires ainsi que de l'équipage, et la désinsectisation des vêtements et des couvertures.

Le cas échéant, ces diverses opérations sont effectuées dans le plus court délai possible de manière à éviter tout retard au navire.

Art. 15. — Tout navire astreint à l'obligation d'embarquer un médecin sanitaire maritime aura à bord un approvisionnement des vaccins et sérums dont l'utilisation est prévue aux articles 50, 52, 58, 60, 66, 68, 70, 72 et 76 ci-dessous.

Cet approvisionnement sera proportionnel à la capacité d'embarquement du navire en passagers et hommes d'équipage. Il sera renouvelé suivant la durée de conservation déterminée pour chaque sérum ou vaccin par le laboratoire fournisseur.

Un compartiment spécial de la glacière ou chambre frigorifique du navire sera mis à la disposition exclusive du médecin sanitaire maritime pour la conservation de ces sérums et vaccins.

Art. 16. — A bord des navires visés au § 1er de l'article précédent, un matériel de bactériologie permettant d'effectuer les recherches essentielles en vue du diagnostic des maladies transmissibles sera mis à la disposition du médecin sanitaire maritime, et un local approprié sera aménagé à cet effet dans l'infirmerie du bord.

Art. 17. — L'Autorité sanitaire s'oppose à l'embarquement des personnes ou des objets susceptibles de propager des maladies transmissibles.

Art. 18. — Les permis nécessaires soit pour opérer le chargement, soit pour prendre la mer, ne sont délivrés par la Douane que sur le vu d'une licence remise par l'Autorité sanitaire.

Art. 19. — Les bateaux de pêche et en général les navires qui s'écartent peu du port de départ sont dispensés, à moins de prescriptions exceptionnelles, de la déclaration prévue à l'article 13.

Art. 20 — Le linge de corps des passagers et de l'équipage, sali pendant la traversée est lavé aussi souvent que possible.

Art. 21. — Les lieux d'aisances sont lavés et désinfectés chaque jour.

Art. 22. — Dès qu'apparaissent les premiers signes d'une affection transmissible, les malades sont isolés, ainsi que les personnes spécialement désignées pour remplir les fonctions d'infirmier.

Art. 23. — Dans les cabines où se trouvent des malades, s'il y a des lits superposés, ceux du bas sont seuls occupés ; les matelas, couvertures etc.. des lits non occupés sont enlevés de la cabine (dans laquelle on ne laisse que les objets strictement indispensables) et désinfectés.

Art. 24. — Le sol est lavé chaque jour à l'aide de solutions désinfectantes.

Art. 25. — Ces locaux ne sont rendus au service courant qu'après lavage complet de toutes leurs parois à l'aide de solutions désinfectantes, réfection des peintures ou blanchiment à la chaux chlorurée et désinfection du mobilier. Ils ne reçoivent de nouveaux passagers qu'après avoir été largement ouverts pendant plusieurs jours après ces désinfections.

Art. 26. — Aux dispositions d'ordre général des articles 17 à 25 inclus s'ajoutent celles (articles 50 à 86 inclus) qui sont applicables suivant la nature de la maladie envisagée.

Art. 27. — Lorsque la mort d'un malade passible d'isolement est dûment constatée, le cadavre est jeté à la mer ; les objets de literie à l'usage du malade au moment de son décès sont également jetés à la mer si le navire est au large ou désinfectés.

Art. 28. — Si pendant le séjour dans un port une affection transmissible se montre à bord du navire, le capitaine doit, sans délai, en aviser l'Autorité sanitaire. Les malades chez lesquels les premiers symptômes sont constatés sont, chaque fois qu'il est possible, dirigés sur le lazaret ou, sur l'hôpital, et leurs effets ainsi que les objets de literie qui leur ont servi sont désinfectés ou détruits.

TITRE IV

Mesures sanitaires à l'arrivée.

Art. 29. — Tout navire qui arrive dans un port de France et d'Algérie doit, avant toute communication, être *reconnu* par l'Autorité sanitaire.

Cette opération obligatoire a pour objet de constater la provenance du navire et les conditions sanitaires dans lesquelles il se présente.

Elle consiste en un interrogatoire dont la formule est arrêtée par le ministre de l'Hygiène, de l'Assistance et de la Prévoyance sociales, et dans la présentation, s'il y a lieu, d'une patente de santé.

Réduite à un examen sommaire pour les navires notoirement exempts de suspicion, elle constitue la *reconnaissance proprement dite* ; dans les cas qui exigent un examen plus approfondi, elle prend le nom *d'arraisonnement*.

L'arraisonnement peut avoir pour conséquence lorsque l'Autorité sanitaire le jugera nécessaire, *l'inspection sanitaire*, comprenant, s'il y a lieu, la *visite médicale* des passagers et de l'équipage.

Art. 30. — Les opérations de reconnaissance et d'arraisonnement sont effectuées sans délai.

Elles sont pratiquées même de nuit toutes les fois que les circonstances le permettent. Cependant s'il y a suspicion sur la provenance ou sur les conditions sanitaires du navire, l'arraisonnement et l'inspection sanitaire ne peuvent avoir lieu que de jour.

Art. 31. — Les résultats soit de la reconnaissance, soit de l'arraisonnement sont relevés par écrit et consignés simultanément sur le registre médical et le livre de bord, et sur un registre spécial tenu par l'Autorité sanitaire du port.

Art. 32. — Les bateaux de la douane, les bateaux des ponts et chaussées affectés au service des ports de commerce, des phares et balises, les bateaux-pilotes, les garde-pêche, les bateaux qui font la petite pêche sur les côtes de France ou d'Algérie ou sur la partie des côtes de Tunisie qui s'étend du cap Nègre à la frontière algérienne, et en général tous ceux qui s'écartent peu du rivage et qui peuvent être reconnus au simple examen sont, à moins de circonstance exceptionnelle dont l'Autorité sanitaire est juge, dispensés de la reconnaissance.

Art. 33. — Tout capitaine arrivant dans un port français est tenu de :

1° Empêcher toute communication, tout déchargement de son navire avant que celui-ci ait été reconnu et admis à la libre pratique ;

2° Produire aux autorités chargées de la police sanitaire tous les papiers du bord ; répondre, après avoir prêté serment de dire la vérité, à l'interrogatoire sanitaire ; déclarer tous les faits, donner tous les renseignements venus à sa connaissance et pouvant intéresser la santé publique ;

3° Se conformer aux règles de la police sanitaire ainsi qu'aux ordres qui lui sont donnés par les dites autorités.

Art. 34. — Les gens de l'équipage et les passagers peuvent, lorsque l'Autorité sanitaire le juge nécessaire, être soumis à de semblables interrogatoires et obligés sous serment à de semblables déclarations.

Art. 35. — Lorsqu'un navire se présente dans un port de France ou d'Algérie, ayant à bord un cas de maladie fébrile, le capitaine et le médecin sont tenus d'en faire la déclaration à l'Autorité sanitaire qui, après visite médicale, prescrit les mesures nécessaires, conformément aux règlements en vigueur.

Art. 36. — Tout navire provenant d'une circonscription officiellement saine est admis immédiatement à la libre pratique après la reconnaissance ou l'arraisonnement sauf dans les cas mentionnés ci-après :

a) Lorsque le navire a eu à bord, soit au port de départ, soit pendant la traversée, des accidents certains ou suspects de choléra, de fièvre jaune, de peste ou de toute autre maladie transmissible et importable ;

b) Lorsque le navire a eu en mer des communications de nature suspecte ;

c) Lorsqu'il présente à l'arrivée des conditions hygiéniques douteuses ;

d) Lorsque l'Autorité sanitaire a des motifs légitimes de contester la sincérité de la teneur de la patente de santé ou des déclarations du bord ;

e) Lorsque le navire provient d'un port qui entretient des relations libres avec une circonscription considérée comme contaminée ;

f) Lorsque le navire provient d'une circonscription que l'Autorité sanitaire a des motifs de considérer comme contaminée.

Dans ces différents cas, le navire subira l'inspection sanitaire ou la visite médicale et l'Autorité sanitaire du port jugera des mesures qui lui seront applicables suivant les circonstances.

Art. 37. — Lorsqu'un navire se présente dans un port de France ou d'Algérie, ayant à bord un cas de « maladie fébrile », il est procédé à la visite médicale, et la libre pratique n'est pas accordée avant qu'il ait été reconnu que la dite maladie n'est pas une des maladies transmissibles visées à l'article 4 de la loi du 15 février 1902, ou, s'il s'agit d'une de ces maladies, avant que les mesures nécessaires pour en prévenir la propagation aient été prises.

Art. 38. — Si l'examen médical permet de constater un cas certain ou suspect d'une des maladies transmissibles ci-dessus visées, l'Autorité sanitaire prend, tant à l'égard des passagers et de l'équipage que du navire même, les mesures commandées par les circonstances en conformité notamment des articles 2, 37 et 95 du présent règlement.

Si le malade est un civil, l'Autorité sanitaire prévient, d'autre part, la municipalité à qui il appartient d'assurer le transport et l'isolement du malade, et elle provoque l'application, en dehors du navire, par les services municipaux ou départementaux chargés respectivement de cette mission, en vertu de la loi du 15 février 1902, des diverses mesures de prophylaxie prévues soit par la dite loi, soit par les règlements sanitaires locaux.

Si le malade est un militaire, l'Autorité sanitaire en informe d'urgence le médecin-chef de la Place, ou le représentant du Service de Santé de l'armée qui a qualité pour être saisi, auxquels il appartiendra d'assurer le transport et l'isolement du malade, ainsi que la désinfection de ses vêtements et bagages.

Art. 39. — Tout navire se trouvant dans un port de France ou d'Algérie est soumis, de la part du service sanitaire maritime, pendant tout son séjour dans le port, à une surveillance ayant pour objet de connaître les premières manifestations à bord des maladies transmissibles et d'en empêcher la propagation.

A cet effet, le capitaine du navire est tenu de déclarer immédiatement à l'Autorité sanitaire du port tout cas de « maladie fébrile » survenant à bord pendant cette période. Dès qu'elle a reçu cette déclaration, ou, à défaut de déclaration, dès qu'elle a été informée, de quelque façon que ce soit, de la présence à bord d'un cas de telle maladie, l'Autorité sanitaire du port agit sans retard dans les conditions prévues aux articles précédents.

Art. 40. — L'armement est tenu de prêter son concours, dans les conditions indiquées par l'Autorité sanitaire, à l'exécution des mesures prises en vertu du présent décret.

Art. 41. — Les marchandises ne sont pas l'objet de mesures spéciales en dehors des dispositions insérées dans les articles 50 à 87 et 95 à 106 ci-après.

Nonobstant, au cas où des marchandises seraient considérées comme suspectes ou contaminées par l'Autorité sanitaire du port d'arrivée, celle-ci apprécierait suivant les circonstances : la nature des marchandises ou objets qui seraient soumis à des mesures spéciales, le lieu où ces mesures seraient appliquées, les procédés à employer et le temps nécessaire à ces opérations.

Les lettres et correspondances, imprimés, livres, journaux, papiers d'affaire (non compris les colis postaux) ne sont soumis à aucune restriction ni désinfection.

Art. 42. — Sont réputées marchandises pour l'application de l'article précédent, tous produits embarqués figurant ou non au manifeste, à la seule exception du charbon embarqué pour les besoins du service.

Art. 43. — Les cercueils contenant les restes de personnes décédées outre-mer sont placés à bord dans un endroit facilement accessible.

Ils sont accompagnés d'un procès-verbal dûment établi et certifié par l'autorité coloniale militaire ou consulaire, relatant l'accomplissement des prescriptions des articles 1, 2, 3, 4, 5, et 6 de l'Instruction ministérielle du 10 juillet 1916.

Ce procès-verbal est communiqué à l'Autorité sanitaire dès l'arrivée du navire.

Art. 44. — Le Directeur ou chef de service, le médecin, l'officier ou l'agent sanitaire, se rend à bord ; il s'assure en personne, d'abord sur place et, s'il y a lieu, par un nouvel examen après débarquement, que les prescriptions édictées par l'article 5 de l'Instruction ministérielle du 10 juillet 1916 ont été régulièrement remplies et que l'état du cercueil présente toutes les garanties de construction, de bonne conservation et d'étanchéité ; dans l'affirmative, il appose le sceau du service sur ce cercueil et délivre au point de vue sanitaire le certificat d'admission conforme au modèle ci-annexé. La remise de ce certificat est d'ailleurs subordonnée, le cas échéant, aux mesures réglementaires qui seraient applicables au navire en raison de sa provenance ou des conditions sanitaires du bord.

Art. 45. — Si le cercueil ne satisfaisait pas aux dispositions indiquées par l'Instruction ministérielle du 10 juillet 1916, toutes mesures devraient être immédiatement prises sous la responsabilité du capitaine du navire et aux frais des intéressés soit pour le réparer ou le remplacer conformément à ces dispositions, soit pour le mettre en dépôt provisoire jusqu'à ce que la remise et le transport puissent en être effectués sans danger.

Art. 46. — Le certificat d'admission est remis au commissaire spécial ou au commissaire de police de qui relèvent ensuite exclusivement les constatations résultant des pièces d'identité, la vérification de l'autorisation accordée par le ministre de l'Intérieur et le soin de prévenir, le cas échéant, la famille ou son représentant.

Art. 47. — L'intervention du service sanitaire ne donne lieu à aucune rétribution directe ou indirecte.

Art. 48. — Un registre spécial est tenu dans chaque port reproduisant toutes les indications de dates et de circonstances utiles pour justifier sous un cadre uniformément fixé par le ministre de l'Intérieur les diverses opérations ainsi pratiquées.

Art. 49. Le sceau apposé par l'Autorité sanitaire ne pourra être rompu, même après l'arrivée du cercueil dans la localité où l'inhumation doit avoir lieu, sauf le cas de force majeure. Il ne pourra être procédé, sous aucun prétexte, à l'ouverture du cercueil sans autorisation du ministre de l'Hygiène, de l'Assistance et de la Prévoyance sociales.

TITRE V

Mesures prophylactiques spéciales aux diverses maladies transmissibles constatées ou redoutées.

CHOLÉRA

Art. 50. — Mesures à prendre dans le port contaminé :

1° Surveillance de l'eau potable. Autant que possible n'user pour l'alimentation que de l'eau stérilisée ;

2° Interdire la consommation de certains fruits, légumes, coquillages, qui, mangés crus, pourraient être susceptibles de transmettre la maladie ;

3° Surveillance à l'embarquement des marchandises, linge de corps, vêtements, objets de literie, drilles, chiffons suspects et autres catégories d'objets susceptibles de véhiculer le vibrion cholérique ;

4° Vaccination anti-cholérique de l'équipage, sans obligation pour les intéressés de s'y soumettre.

Art. 51. — Mesures à prendre au départ du port contaminé. Visite médicale des passagers ; éviction des cas suspects, en considérant comme suspect tout passager, civil ou militaire, atteint de diarrhée, même légère ; examen bactériologique immédiat des déjections des individus évincés.

Désinfection des bagages suspects, linges de corps, vêtements, objets de literie, etc.

Ces mesures : visite médicale et désinfection, seront autant que possible prises à terre avant l'embarquement.

Art. 52. — Mesures à prendre pendant la traversée :

1° Ébullition de l'eau potable ; surveillance des divers produits destinés à l'alimentation qui devront être conservés soigneusement *à l'abri des mouches* non seulement dans les garde-manger mais encore dans les cuisines, les offices et les salles à manger ;

2° Surveillance des passagers et de l'équipage. Insister sur les soins de propreté corporelle et en particulier sur le lavage des mains avant les repas et au sortir des lieux d'aisances et des poulaines. Des dispositions seront prises dans ces locaux pour faciliter ces mesures aux passagers et à l'équipage ;

3° Isolement des cas suspects ou confirmés et au besoin de l'entourage suspect de ces malades ;

4° Lorsque les moyens techniques le permettent, recherche des porteurs de germes, en particulier dans l'entourage des malades, et isolement des porteurs de germes reconnus ;

5° Désinfection des matières fécales provenant des malades et des personnes isolées, par les procédés reconnus efficaces ;

6° Désinfection en cours de maladie : des locaux servant à l'isolement des malades et des suspects ; des vêtements du personnel chargé des soins à donner aux malades et aux suspects ; des linges, objets de literie et tous autres objets contaminés ou suspects de l'être ;

7° Vaccination anti-cholérique des passagers, sans obligation pour les intéressés de s'y soumettre.

Art. 53. — Mesures à prendre à l'arrivée du navire :

1° Visite médicale ;

2° Lorsque le navire se présentant après un délai de plus de cinq jours depuis le dernier contact avec une circonscription contaminée, il ne s'est produit pendant la traversée aucun cas suspect ou confirmé de choléra, si les mesures prises à bord sont jugées suffisantes par l'Autorité sanitaire, le navire est admis à la libre pratique ; les passagers sont débarqués sans aucune formalité, sous réserve des dispositions prévues au § 5 ci-dessous ;

3° Lorsque le navire se présentant après un délai de plus de cinq jours depuis le dernier contact avec une circonscription contaminée, il s'est produit pendant la traversée un ou des cas suspects ou confirmés de choléra depuis plus de cinq jours ; si les mesures d'isolement et de désinfection prises à bord sont jugées suffisantes par l'Autorité sanitaire, les passagers peuvent être débarqués ; le navire peut être admis à la libre pratique sous réserve des dispositions prévues au § 5 ci-dessous ;

4° Lorsque le navire se présente après un délai de moins de cinq jours depuis son dernier contact avec une circonscription contaminée, ou lorsqu'il s'est produit depuis moins de cinq jours ou existe à l'arrivée un ou des cas suspects ou confirmés de choléra, le navire est isolé et placé en observation :

a) S'il ne s'est produit aucun cas suspect ou confirmé de choléra depuis le départ de la circonscription contaminée, la durée de l'observation est de cinq jours à compter du moment du départ de cette circonscription. Les mesures de désinfection jugées nécessaires, sont exécutées sous la surveillance de l'Autorité sanitaire. A l'expiration du délai de cinq jours les passagers sont débarqués et le navire admis à la libre pratique sous réserve des dispositions prévues au § 5 ci-dessous;

b) S'il s'est produit un ou plusieurs cas suspects ou confirmés de choléra depuis moins de cinq jours, la durée de l'observation est de cinq jours. Suivant les circonstances l'Autorité sanitaire peut prendre comme point de départ de cette observation, soit la date de l'isolement du dernier cas, soit la date de l'arrivée du navire dans le port. Après désinfection et à l'expiration du délai de cinq jours, s'il ne s'est produit aucun fait nouveau, les passagers sont débarqués, le navire admis à la libre pratique, sous réserve des dispositions prévues au § 5 ci-dessous.

5° Quel que soit l'état sanitaire d'un navire provenant d'une circonscription contaminée de choléra, la recherche des porteurs de germes cholériques peut être effectuée par l'Autorité sanitaire du port d'arrivée parmi les passagers et l'équipage. Cette recherche peut ne porter que sur certaines catégories d'individus, entourage des malades ou tout autre groupement d'individus, ou tout individu particulièrement suspect, l'Autorité sanitaire restant seule juge de l'extension qu'elle doit donner à cette mesure. Quant aux porteurs de germes reconnus, ils sont soumis au régime prescrit par les règlements de Police sanitaire nationale en vigueur;

6° Au cas où le navire aurait à l'arrivée un ou des cas suspects ou confirmés de choléra, le ou les malades sont débarqués sur les indications de l'Autorité sanitaire, à charge par le navire de fournir les moyens de débarquement;

7° Tout navire provenant de circonscription contaminée de choléra ou ayant eu pendant la traversée des cas suspects ou confirmés de cette maladie, est soumis après admission à la libre pratique au régime de la surveillance sanitaire pendant toute la durée de son séjour dans le port.

Dans les cas prévus aux paragraphes 4 et 6 du présent article, les mesures suivantes sont en outre appliquées :

a) Désinfection du linge sale, des effets à usage, de la literie et des objets de l'équipage et des passagers qui, de l'avis de l'Autorité sanitaire, seraient considérés comme contaminés;

b) Désinfection des locaux ayant servi à l'isolement des malades et des suspects ;

c) Évacuation de l'eau de cale après désinfection ;

d) A défaut de production par le médecin ou le capitaine d'un certificat constatant qu'il n'a pas été embarqué d'eau dans le port contaminé de choléra, rejet de l'eau après désinfection ;

e) Interdiction de laisser s'écouler ou de jeter dans les eaux du port des déjections humainesà moins de désinfection préalable.

FIÈVRE JAUNE

Art. 54. — Mesures à prendre dans le port contaminé :

1° Protection du navire contre les moustiques par le choix du mouillage et tous les procédés de défense reconnus efficaces ;

2° Usage d'une moustiquaire de couchette pour toutes personnes de l'équipage et tous passagers.

Art. 55. — Mesures à prendre au départ :

1° Visite médicale des passagers ; éviction des cas suspects ou confirmés.

Autant que possible cette visite sera faite à terre avant l'embarquement.

Art. 56. — Mesures à prendre pendant la traversée :

1° Destruction des moustiques par tous les moyens reconnus efficaces ;

2° Isolement sous moustiquaire et dans une cabine grillagée de tout malade suspect ou confirmé.

Art. 57. — Mesures à prendre à l'arrivée :

1° Visite médicale ;

2° Isolement du navire jusqu'après démoustication et délarvation ;

3° Débarquement des malades de jour et sur brancard protégé, sur les indications de l'Autorité sanitaire, à charge par le navire de fournir les moyens de débarquement :

a) Dans les pays à stégomyia, isolement et protection des malades contre les moustiques ;

b) Dans les pays indemnes de stégomyia, débarquement des malades soit en milieu hospitalier, soit en tout autre milieu suivant les convenances individuelles.

4° Débarquement des passagers sains :

a) En liberté dans les régions indemnes de stégomyia ;

b) Dans les régions où vit le stégomyia, sous le régime du passeport sanitaire

5° Démoustication et délarvation du navire avant le débarquement des marchandises.

Cette opération est laissée, suivant la saison et la température, à l'appréciation de l'Autorité sanitaire ;

6° Admission du navire à la libre pratique sous le régime de la surveillance sanitaire applicable pendant toute la durée du séjour dans le port.

PESTE

Art. 58. — Mesures à prendre dans le port contaminé :

1° Si le navire est à quai, prendre des mesures de protection contre l'embarquement des rats en usant des procédés officiellement reconnus efficaces ;

2° Surveiller l'apparition d'une épizootie parmi les rats ou souris; en cas de mortalité suspecte aviser l'Autorité sanitaire du port ;

3° Si possible, faire la recherche des rats pesteux par examen bactériologique, soit parmi ceux qui seraient trouvés morts, soit parmi les rats capturés à cet effet ;

4° Destruction des parasites au moyen des procédés officiellement reconnus efficaces, dans les locaux d'habitation, sur les effets de literie, les linges et vêtements ;

5° Surveillance à l'embarquement des marchandises : drilles, chiffons, tapis, fourrures, objets de literie, etc. ;

6° Vaccination anti-pesteuse de l'équipage, sans obligation pour les intéressés de s'y soumettre.

Art. 59. — Mesures à prendre au départ :

1° Visite médicale des passagers ; éviction des cas suspects ou confirmés ;

2° Désinfection des bagages suspects.

Autant que possible la visite médicale des passagers et la désinfection de leurs bagages seront effectuées à terre avant l'embarquement.

Art. 60. — Mesures à prendre pendant la traversée :

1° Isolement des cas suspects ou confirmés ;

2° Désinsectisation des malades et de leur entourage ;

3° Désinfection en cours de maladie des locaux d'isolement, des linges, vêtements, objets de literie et de tous autres objets susceptibles d'avoir été contaminés ;

4° Vaccination anti-pesteuse des passagers, sans obligation pour les intéressés de s'y soumettre ;

5° Surveillance de la mortalité chez les rats et, si possible, examen bactériologique ;

6° Même surveillance à l'égard des animaux susceptibles d'être atteints de peste se trouvant à bord (chats, singes etc.).

Art. 61. — Mesures à prendre à l'arrivée :

1° Visite médicale ;

2° Au cas où le navire se présente après un délai de plus de cinq jours depuis son dernier contact avec une circonscription contaminée et s'il ne s'est produit aucun cas suspect ou confirmé pendant la traversée, les passagers sont débarqués, après désinfection des bagages suspects, et le navire admis à la libre pratique sous surveillance sanitaire applicable pendant toute la durée du séjour, sous réserve des mesures de dératisation prévues par le règlement ;

3° Au cas où le navire se présenterait après un délai de moins de cinq jours depuis le dernier contact avec une circonscription contaminée, ou moins de cinq jours depuis l'isolement du dernier cas suspect ou confirmé de peste :

a) Isolement et mise en observation du navire pendant un délai de cinq jours à compter de la date de l'isolement du dernier cas ou de la date de l'arrivée du navire, suivant les circonstances et l'appréciation de l'Autorité sanitaire ;

b) Débarquement et isolement des malades suspects ou confirmés sur les indications de l'Autorité sanitaire, à charge par le navire de fournir les moyens de débarquement ;

c) Désinfection des bagages suspects ;

d) Débarquement des passagers sains sous le régime du passeport sanitaire ;

e) Dératisation du navire par les procédés officiellement reconnus efficaces ;

f) Désinfection des locaux susceptibles d'avoir été contaminés ;

g) Admission du navire à la libre pratique sous le régime de la surveillance sanitaire applicable pendant toute la durée du séjour dans le port ;

h) Constatation de l'état sanitaire des animaux susceptibles d'être atteints de peste se trouvant à bord (chats, singes, etc.).

TYPHUS EXANTHÉMATIQUE

ART. 62. — Mesures à prendre dans le port contaminé :

1° Recommander la propreté corporelle. Visite de l'équipage. Épouillage soigneux de tout homme d'équipage trouvé porteur de poux. Les procédés employés pour l'épouillage devront être ceux officiellement reconnus efficaces ;

2° Désinsectisation des locaux d'habitation, des objets de literie, des vêtements, par les procédés officiellement reconnus efficaces pour la destruction des poux.

ART. 63. — Mesures à prendre au départ :

1° Visite médicale des passagers, éviction des cas suspects ou confirmés ;

2° Épouillage des passagers suspects et désinfection de leurs bagages.

Autant que possible la visite médicale des passagers et la désinfection de leurs bagages seront effectuées à terre avant l'embarquement.

Art. 64. — Mesures à prendre pendant la traversée :

1° Isolement des cas suspects ou confirmés.

Veiller à ce que les malades, leur entourage et les personnes chargées de leur donner des soins soient indemnes de poux.

Affecter au soin des malades et des suspects de préférence les personnes immunisées par une première atteinte :

2° En cours de maladie, désinsectisation des locaux d'isolement, des objets de literie, linges et vêtements par les procédés officiellement reconnus efficaces.

Art. 65. — Mesures à prendre à l'arrivée :

1° Visite médicale ;

2° Au cas où le navire n'a présenté pendant la traversée et ne présente à l'arrivée aucun cas suspect ou confirmé de typhus exanthématique, recherche des porteurs de poux. Les porteurs reconnus sont soumis aux mesures jugées nécessaires par l'Autorité sanitaire. Les personnes indemnes de parasites sont débarquées sans formalités si le navire a quitté la circonscription contaminée depuis un délai de plus de 25 jours. Si le navire a quitté la circonscription contaminée depuis moins de 25 jours, ils sont débarqués sous le régime du passeport sanitaire pendant un délai laissé à l'appréciation de l'Autorité sanitaire ;

3° Au cas où le navire aurait présenté pendant la traversée ou présenterait à l'arrivée, des cas suspects ou confirmés de typhus exanthématique, les malades sont débarqués sur les indications de l'Autorité sanitaire, à charge par le navire de fournir les moyens de débarquement.

Les passagers suspects ou reconnus porteurs de poux sont soumis aux mesures jugées nécessaires par l'Autorité sanitaire ; les passagers notoirement sains et indemnes de poux sont débarqués sous le régime du passeport sanitaire (durée de surveillance : 25 jours) ;

4° Désinsectisation du navire ou des parties du navire susceptibles de receler des poux ;

5° Admission du navire à la libre pratique sous le régime de la surveillance sanitaire applicable pendant toute la durée du séjour dans le port.

FIÈVRES TYPHOÏDE, PARATYPHOÏDE — DYSENTERIES

Art. 66. — Mesures à prendre dans le port contaminé :

1° Ébullition de l'eau potable ; surveillance des divers produits destinés à l'alimentation qui devront être conservés soigneusement à l'abri des mouches non seulement dans les garde-manger, mais encore dans les cuisines, les offices et les salles à manger. Prohibition de certaines catégories de produits destinés à l'alimentation : fruits, légumes, coquillages, etc , susceptibles étant mangés crus de transmettre la maladie ;

2° Au cas de fièvre typhoïde ou paratyphoïde, vaccination des gens d'équipage ne pouvant présenter un certificat de vaccine anti-typhoïdique datant de moins de six moix, sans obligation pour les intéressés de se soumettre à cette vaccination.

Art. 67. — Mesures à prendre au départ :

1° Éviction des cas suspects ou confirmés ;

2° Désinfection des bagages suspects ;

Art. 68. — Mesures à prendre pendant la traversée :

1° Isolement des cas suspects ou confirmés ;

2° Désinfection au cours de la maladie, des locaux d'isolement, des linges, vêtements, objets de literie, etc., susceptibles d'avoir été contaminés. Désinfection soigneuse des matières fécales des malades isolés ;

3° Veiller à la propreté des mains des personnes de l'entourage des malades ou des gens chargés de leur donner des soins ;

4° Vaccination anti-typhoïdique des passagers, sans obligation pour les intéressés de s'y soumettre.

Art. 69. — Mesures à prendre à l'arrivée :

1° Visite médicale, au cas seulement où il y aurait des malades suspects ou confirmés ;

2° Débarquement des malades suspects ou confirmés, sur les indications de l'Autorité sanitaire à charge par le navire de fournir les moyens de débarquement ;

3° Désinfection des bagages suspects;

4° Débarquement des passagers sains;

5° Désinfection des locaux susceptibles d'avoir été contaminés;

6° Admission du navire à la libre pratique sous le régime de la surveillance sanitaire applicable pendant toute la durée du séjour dans le port.

VARIOLE

Art. 70. — Mesures à prendre dans le port contaminé. Vaccination de toutes les personnes d'équipage ne pouvant présenter un certificat de vaccine datant de moins d'un an.

Art. 71. — Mesures à prendre au départ :

1° Visite des passagers, éviction des cas suspects ou confirmés;

2° Désinfection des bagages suspects.

Art. 72. — Mesures à prendre pendant la traversée :

1° Vaccination de tout passager, ne pouvant présenter un certificat de vaccine datant de moins d'un an;

2° Isolement des malades suspects ou confirmés et si possible de leur entourage;

3° Désinfection en cours de maladie des locaux d'isolement, des linges, vêtements, objets de literie, etc., susceptibles d'avoir été contaminés.

Art. 73. — Mesures à prendre à l'arrivée :

1° Visite médicale, au cas seulement où le navire aurait présenté pendant la traversée ou présenterait à l'arrivée un ou des cas suspects ou confirmés de variole;

2° Débarquement et isolement des malades suspects ou confirmés sur les indications de l'Autorité sanitaire, à charge par le navire de fournir les moyens de débarquement;

3° Au cas où les mesures de prophylaxie déjà prises à bord ne seraient pas jugées suffisantes par l'Autorité sanitaire, le navire est isolé jusqu'à ce que les opérations nécessaires soient effectuées;

4° Désinfection des bagages suspects ;

5° Débarquement des passagers sains sous le régime du passeport sanitaire (durée de surveillance : 20 jours) ;

6° Admission du navire à la libre pratique sous le régime de la surveillance sanitaire applicable pendant toute la durée du séjour dans le port.

DIPHTÉRIE

Art. 74. — Mesures à prendre dans le port contaminé.

Recommander aux personnes de l'équipage les soins hygiéniques de la bouche et du nez : gargarismes antiseptiques, collutoires, etc.

Art. 75. — Mesures à prendre au départ :

1° Surveillance à l'embarquement des passagers ; éviction des cas suspects ou confirmés ;

2° Désinfection des bagages suspects.

Art. 76. — Mesures à prendre pendant la traversée :

1° Isolement des cas suspects ou confirmés et des convalescents usqu'à l'arrivée ;

2° Injection préventive de sérum anti-diphtérique aux personnes de l'entourage du ou des malades, sans obligation pour les intéressés de s'y soumettre ;

3° Désinfection en cours de maladie des locaux d'isolement, inge, vêtements, objets de literie, etc., susceptibles d'avoir été contaminés ;

4° Si possible, recherche des porteurs de germes diphtériques ou des cas frustes (enfants atteints de coryza ou d'épistaxis).

Art. 77. — Mesures à prendre à l'arrivée :

1° Visite médicale au cas seulement où il y aurait eu à bord pendant la traversée un ou des cas suspects ou confirmés ;

2° Les malades, s'il en existe, seront débarqués sur les indications de l'Autorité sanitaire, à charge par le navire de fournir les moyens de débarquement ;

3° S'il y a des porteurs de germes reconnus, ils seront signalés à l'Autorité sanitaire qui prendra à leur égard les mesures nécessaires;

4° Désinfection des bagages suspects;

5° Débarquement des passagers sains;

6° Désinfection des parties du navire susceptibles d'avoir été contaminées;

7° Admission du navire à la libre pratique sous le régime de la surveillance sanitaire applicable pendant toute la durée du séjour dans le port.

MÉNINGITE CÉRÉBRO-SPINALE ÉPIDÉMIQUE ET POLIOMYÉLITE

Art. 78. — Mesures à prendre dans le port contaminé.

Recommandation des soins d'hygiène de la bouche et du nez, gargarismes antiseptiques, collutoires, etc...

Art. 79. — Mesures à prendre au départ :

1° Surveillance à l'embarquement des passagers; éviction des cas suspects ou confirmés;

2° Désinfection des bagages suspects.

Art. 80. — Mesures à prendre pendant la traversée :

1° Isolement des cas suspects ou confirmés et des convalescents jusqu'à l'arrivée;

2° Désinfection en cours de maladie des locaux d'isolement, des linges, objets de literie, etc., susceptibles d'avoir été contaminés;

3° Recommandation des soins d'hygiène de la bouche et du nez pour toute personne à bord, principalement pour celles de l'entourage du ou des malades et celles appartenant à la collectivité d'où provient le malade, susceptibles d'être porteurs de germes.

Art. 81. — Mesures à prendre à l'arrivée :

1° Visite médicale au cas seulement où il se serait produit à bord pendant la traversée un ou des cas suspects ou confirmés;

2° Débarquement des malades suspects ou confirmés sur les indications de l'Autorité sanitaire, à charge par le navire de fournir les moyens de débarquement;

3° Désinfection des bagages suspects;

4° Débarquement des passagers sains;

5° Désinfection des locaux susceptibles d'avoir été contaminés;

6° Admission du navire à la libre pratique sous le régime de la surveillance sanitaire applicable pendant toute la durée du séjour dans le port.

LÈPRE

Art. 82. — Dans les ports des régions où la lèpre est endémique, on devra éviter soigneusement d'embarquer parmi les hommes d'équipage des individus suspects où atteints de la lèpre.

Au départ de ces ports, une surveillance médicale devra être établie pour éliminer les cas suspects ou confirmés chez les passagers; une tolérance pourra être admise à l'égard des passagers de nationalité française présentant certaines garanties; les conditions de leur transport sont réglementées de façon analogue à celle fixée pour les tuberculeux par l'article 83 ci-après.

A l'arrivée dans les ports français, tout cas suspect ou confirmé de lèpre devra être signalé à l'Autorité sanitaire maritime qui pourra retenir les malades en vue d'un examen plus approfondi.

Si le diagnostic de la lèpre est confirmé :

1° Au cas où le sujet est de nationalité française, il lui sera délivré un passeport sanitaire et il devra se soumettre aux décisions prises, conformément aux règlements en vigueur, par l'inspecteur départemental d'hygiène du département où il se rend;

2° Si le sujet est de nationalité étrangère et que, par suite de son manque de ressources, il puisse constituer un danger et une charge pour notre pays, il sera rapatrié, soit à ses frais, soit par les soins du consul du pays auquel il appartient, ou enfin à la charge de la compagnie de navigation qui l'a apporté;

3° Les sujets étrangers qui, par leur situation de fortune, leur culture et leur mentalité, présentent des garanties suffisantes, pourront être admis à résider en territoire français sous réserve qu'ils se soumettront au régime imposé aux sujets français atteints de lèpre.

TUBERCULOSE

Art. 83. — Tout homme d'équipage, reconnu atteint de tuberculose pulmonaire en raison de signes cliniques et bactériologiques, sera signalé à l'Autorité sanitaire maritime, sans préjudice des mesures de prophylaxie qui seront prises pendant son séjour à bord comportant l'interdiction de séjourner dans les postes d'équipage.

S'il s'agit d'un passager, le médecin sanitaire maritime prendra, d'accord avec le capitaine et suivant les circonstances, des mesures en vue de son isolement.

Les locaux occupés par les tuberculeux seront désinfectés à l'arrivée.

Les objets mis à leur disposition : objets de toilette, literie, ustensiles servant à l'alimentation, seront, ainsi que leur linge sale, soumis aux pratiques habituelles de la désinfection.

A l'arrivée dans les ports français, la présence de ces tuberculeux contagieux sera signalée à l'Autorité sanitaire maritime qui veillera à l'exécution des mesures précitées.

MALADIES VÉNÉRIENNES

Art. 84. — Les médecins sanitaires maritimes embarqués et les médecins-chefs des compagnies de navigation devront :

Rechercher parmi les équipages (officiers compris) les hommes atteints de maladies vénériennes aux périodes contagieuses ;

Faciliter leur traitement par tous les moyens ;

Prendre toutes mesures en vue d'empêcher les contaminations.

CONJONCTIVITE GRANULEUSE (TRACHOME)

Art. 85. — L'embarquement sera refusé aux personnes atteintes de conjonctivite granuleuse (trachome).

Au cas où un navire amènerait des malades atteints de cette affection, leur débarquement sera interdit et les frais de rapatriement mis à la charge de l'armement.

AUTRES MALADIES TRANSMISSIBLES

Art. 86. — Pour les autres maladies transmissibles (scarlatine, rougeole, oreillons, paludisme, grippe épidémique, etc...) le médecin sanitaire maritime, en cours de traversée, et l'Autorité sanitaire, à l'arrivée, prendront les mesures commandées par les circonstances.

TITRE VI

Mesures prophylactiques diverses applicables aux navires et à certaines catégories de personnes.

Art. 87. — Les personnes qui ont été chargées de la désinfection totale ou partielle d'un navire infecté, qui ont procédé avant ou pendant la désinfection de ce navire au déchargement et à la désinfection des marchandises, ou qui sont restées à bord pendant l'accomplissement de ces opérations sont, à partir de la fin des dites opérations, l'objet d'une surveillance dont la durée est au moins égale au temps d'incubation de la maladie envisagée.

Le navire est soumis à la surveillance pendant toute la durée de son séjour dans le port

Art. 88. — Les mesures concernant les navires, soit suspects soit infectés, peuvent être atténuées par l'Autorité sanitaire du port s'il y a à bord un médecin sanitaire maritime, ainsi que des installations et un outillage sanitaires satisfaisants, et si le médecin certifie que les mesures de prophylaxie ont été convenablement pratiquées pendant la traversée.

Art. 89. — Les mesures prescrites par l'Autorité sanitaire du port sont notifiées sans retard et par écrit au capitaine, sous réserve des modifications que des circonstances ultérieures pourraient rendre nécessaires.

Art. 90. — Tout navire soumis à l'isolement est tenu à l'écart dans un poste déterminé et surveillé par un nombre suffisant de gardes de la Santé.

Art. 91. — Un navire infecté qui ne fait qu'une simple escale sans prendre pratique ou qui ne veut pas se soumettre aux obligations imposées par l'autorité du port, est libre de reprendre la mer. Dans ce cas, la patente de santé lui est rendue avec un *visa* mentionnant les conditions dans lesquelles il part. Il peut être autorisé à débarquer ses marchandises, après que les précautions nécessaires ont été prises.

Il peut également être autorisé à débarquer les passagers qui en feraient la demande, à la condition que ceux-ci se soumettent aux mesures prescrites pour les navires infectés.

Art. 92. — Lorsqu'un navire suspect ou infecté, se présente dans un port ne disposant pas, comme personnel ou matériel, des moyens sanitaires voulus, il est envoyé au port le plus voisin possédant ces moyens.

Art. 93. — Un navire étranger, à destination étrangère, qui se présente infecté dans un port, même pourvu des installations nécessaires, pour y être soumis à l'isolement, peut, s'il doit en résulter un danger pour les autres personnes déjà isolées, ne pas être admis à débarquer ses passagers et être invité à continuer sa route pour sa plus prochaine destination, après avoir reçu tous les secours nécessaires.

Toutefois, les malades sont, autant que possible, débarqués suivant les disponibilités hospitalières locales.

Art. 94. — Les navires chargés d'émigrants, de pèlerins, de corps de troupe, et en général tous les navires jugés dangereux par une agglomération d'hommes dans de mauvaises conditions, peuvent, en tout temps, être l'objet de précautions spéciales que détermine l'Autorité sanitaire du port d'arrivée, sauf à en référer sans délai soit au ministre de l'Hygiène, de l'Assistance et de la Prévoyance sociales, soit au gouverneur général de l'Algérie.

Art. 95. — Outre les diverses mesures spécifiées dans les articles qui précèdent, l'Autorité sanitaire d'un port a le devoir, en présence d'un danger imminent et en dehors de toute prévision, de prescrire provisoirement telles mesures qu'elle juge indispensables pour garantir la santé publique, sauf à en référer dans le plus bref délai soit au ministre de l'Hygiène, de l'Assistance et de la Prévoyance sociales, soit au gouverneur général de l'Algérie.

TITRE VII

Dératisation.

Art. 96. — La destruction des rats ou « dératisation », exclusivement pratiquée au moyen d'appareils dont l'efficacité a été reconnue par le Conseil supérieur d'hygiène publique de France, est obligatoire pour l'admission dans les ports français :

1° De tout navire provenant d'un port considéré comme contaminé de peste ou y ayant fait escale ;

2° De tout navire ayant pris en transbordement, c'est-à-dire de bord à bord, plus de 50 tonnes de marchandises provenant directement d'un pays considéré comme contaminé de peste.

Ces dispositions sont applicables aux navires ayant déjà déchargé partie de leur cargaison dans un ou plusieurs ports étrangers.

Art. 97. — Peuvent être dispensés de la dératisation :

1° Les navires qui se bornent à déposer des passagers dans le port français *sans accoster* et n'y font qu'un séjour de quelques heures ;

2° Les navires y faisant une escale de moins de douze heures et laissant moins de 500 tonnes de marchandises, sous condition que la surveillance du déchargement sera opérée exclusivement de jour, le navire étant maintenu en éloignement des quais, et que les marchandises à débarquer proviendront d'une même cale ;

3° Les navires à vapeur qui n'auraient touché aucun port considéré comme contaminé de peste pendant 60 jours depuis leur départ du dernier port contaminé, et à bord desquels n'aurait été observé aucun fait sanitaire de nature suspecte ;

4° Les navires qui auraient subi la dératisation dans un port étranger depuis leur départ du dernier port considéré comme contaminé. Il devra être justifié, dans ce cas, qu'aucun fait sanitaire suspect ne s'est produit à bord pendant la traversée et que la dératisation a été effectuée avec les mêmes appareils et les mêmes garanties qu'en France. Le capitaine du navire remet, à cet effet, à l'Autorité sanitaire, un certificat mentionnant l'appareil employé, les conditions de l'opération, les constatations faites, etc., certificat visé par l'autorité consulaire française.

Art. 98. — Sont réputées marchandises pour l'application des articles 96 et 97 du présent décret tous produits embarqués, figurant ou non au manifeste, à la seule exception du charbon embarqué pour les besoins du service, sans accostage à quai.

Art. 99. — Dans les ports, la dératisation est effectuée avant le déchargement du navire.

L'opération porte sur les cales, les soutes, les cambuses, les postes d'équipage, les postes d'émigrants ou des passagers de 3e et 4e classes, et en général tous les compartiments intérieurs du navire. Les cabines des officiers et des passagers de 1re et de 2e classes, ainsi que les salles à manger, les salons qui leur sont affectés ne sont soumis à la dératisation que dans la mesure où l'Autorité sanitaire le juge utile, notamment lorsque le navire est suspect ou infecté de peste ou que l'on a constaté chez les rats du bord l'existence de cette maladie ou une mortalité insolite.

Art. 100. — Les ports munis d'appareils de dératisation sont seuls ouverts aux provenances des pays considérés comme contaminés de peste.

Les opérations sont effectuées sous le contrôle permanent de l'Autorité sanitaire et dans le moindre délai.

Art. 101. — Les frais résultant de la dératisation sont à la charge de l'armement, conformément aux dispositions de l'article 156 (dernier alinéa) du présent décret. Aucune taxe sanitaire n'est due, en conséquence, du fait de cette opération.

Art. 102. — Les frais visés à l'article précédent sont calculés sur la jauge brute du navire si la dératisation s'applique à son ensemble, sur la capacité cubique des locaux dératisés si l'opération n'est que partielle. La capacité cubique est établie d'après les plans de chargement du navire sans défalcation du volume occupé par la marchandise.

Art. 103. — Un certificat relatant les conditions dans lesquelles a été pratiquée l'opération est délivré au capitaine ou aux armateurs par les soins du service sanitaire.

Art. 104. — Les navires qui ne se trouveraient pas dans les conditions prescrites pour être soumis à la dératisation peuvent être admis sur leur demande à subir cette opération au départ comme à l'arrivée, soit en cales pleines, soit en cales vides, et obtenir en conséquence la délivrance du certificat prévu à l'article précédent. Toutes facilités doivent leur être données à cet effet.

Art. 105. — Les infractions aux dispositions des articles 96 à 101 ci-dessus sont passibles des pénalités édictées par l'article 14 de la loi du 3 mars 1822, sans préjudice des mesures d'isolement ou autres auxquelles les navires peuvent être assujettis en raison de leur provenance ou de l'état sanitaire du bord à l'arrivée.

TITRE VIII

Établissements sanitaires.

Art. 106. — Les établissements du service sanitaire maritime sont, en dehors des locaux administratifs proprement dits, les lazarets et les stations sanitaires. Les pavillons de contagieux des hôpitaux et autres bâtiments communaux, lorsqu'ils sont utilisés par le service sanitaire maritime, sont, au point de vue de l'application du présent décret, considérés comme dépendances du dit service; en conséquence, les personnes qui y sont soignées ou isolées demeurent soumises aux dispositions du présent décret et ressortissent à l'Autorité sanitaire maritime.

Art. 107. — Les lazarets sont des établissements disposés en vue de permettre l'exécution de l'ensemble des mesures applicables aux passagers, aux équipages et aux navires eux-mêmes, ainsi qu'à leur cargaison : contrôle médical, immunisations diverses, épouillage, désinsectisation et désinfection des effets, isolement et traitement des malades, dératisation, etc.

Art. 108. — Les lazarets, auxquels est attaché un personnel suffisant de médecins, officiers et gardes du service sanitaire maritime, doivent posséder les installations nécessaires en vue de l'application des mesures prévues à l'article précédent. Les bâtiments doivent présenter les conditions hygiéniques voulues, être tenus en bon état d'entretien et toujours prêts à être utilisés.

Art. 109. — Les bâtiments et dépendances des lazarets ne peuvent, sous aucun prétexte, être détournés, en tout ou partie, même temporairement, de leur destination.

Art. 110. — Les malades reçoivent au lazaret les secours religieux et les soins médicaux qu'ils trouveraient dans un établissement hospitalier ordinaire.

Les personnes venues du dehors pour les visiter ou leur donner des soins sont, en cas de compromission, isolées.

Chaque malade à la faculté, sous la même condition, de se faire traiter par un médecin de son choix et de se faire assister par des gardes-malades de l'extérieur.

Art. 111. — Les soins et les visites du médecin du lazaret sont gratuits.

Art. 112. — Les frais de traitement et de médicaments sont à la charge des personnes isolées, et le décompte en est fait suivant un tarif approuvé soit par le ministre de l'Hygiène, de l'Assistance et de la Prévoyance sociales, soit par le gouverneur général de l'Algérie.

Art. 113. — Les frais de nourriture sont à la charge des personnes isolées, et le décompte en est fait suivant un tarif approuvé annuellement par le préfet du département.

Art. 114. — Pour les émigrants, les pèlerins, qui voyagent en vertu d'un contrat, les frais de traitement et de nourriture au lazaret sont à la charge de l'armement ; pour les militaires et les marins, ces frais incombent à l'autorité dont ils relèvent.

Les indigents ne rentrant pas dans ces catégories sont traités et nourris gratuitement.

Art. 115. — Les stations sanitaires maritimes sont des établissements disposés en vue de l'application, soit au départ, soit à l'arrivée des navires, de mesures de contrôle administratif et médical, d'immunisations diverses, d'épouillage, de désinsectisation et de désinfection des effets, applicables aux personnes embarquées.

Ces stations doivent, en conséquence, être situées à proximité des points d'embarquement et de débarquement des navires et comprendre les locaux et le matériel nécessaires, c'est-à-dire des salles d'attente, d'examen et de traitement médical, des installations de bains et surtout de douches, de désinsectisation et de désinfection.

Art. 116. — Les stations sanitaires ne comportent pas de locaux d'isolement pour les malades débarqués.

En conséquence, ceux-ci sont transportés individuellement, par voiture spéciale, aux pavillons de contagieux des hôpitaux communaux, à condition que ces derniers disposent, comme personnel, matériel et installations, des moyens nécessaires pour les isoler et les traiter.

En vue de l'utilisation à ces fins des hôpitaux communaux, des accords interviendront entre le ministre de l'Hygiène, de l'Assistance et de la Prévoyance sociales et les administrations hospitalières intéressées.

Pourront, de même, après entente avec la municipalité, être utilisés pour l'isolement des passagers auxquels l'Administration sanitaire maritime ne jugerait pas devoir accorder le régime des passeports sanitaires, les bâtiments communaux susceptibles d'être affectés à cet usage.

Art. 117. — Un inventaire des objets mobiliers contenus dans les établissements sanitaires est établi par pavillon et par pièce, avec récapitulation générale par nature d'objets. Cet inventaire est tenu à jour. Les substances diverses utilisées pour le fonctionnement du service, telles que charbon, huile de graissage, désinfectants, etc., sont l'objet d'une comptabilité matière.

TITRE IX

Passeports sanitaires.

Art. 118. — Lorsque des passagers, présentant au moment de l'arrivée du navire un état sanitaire satisfaisant, peuvent être suspectés de se trouver en état d'incubation d'une affection transmissible, et dans la mesure où ces passagers peuvent être suivis par l'autorité administrative, il leur est délivré, par les soins du service sanitaire maritime, un passeport sanitaire individuel ou familial.

Celui-ci doit être présenté par eux au bureau municipal d'hygiène ou, à défaut du bureau d'hygiène, à la mairie, du lieu de leur destination, le jour même de leur arrivée au dit lieu.

En même temps qu'elle délivre le passeport sanitaire aux intéressés, l'administration sanitaire maritime adresse, sous le couvert du maire au directeur du bureau municipal d'hygiène du lieu de leur destination, ou, à défaut de bureau municipal d'hygiène, au maire lui-même, un avis confidentiel en vue du contrôle médical à exercer sur les assujettis pendant la durée prévue sur le passeport sanitaire.

Art. 119 — L'autorité sanitaire maritime veillera :

A ce que la délivrance des passeports sanitaires n'ait lieu que dans les cas où elle est absolument justifiée ;

A ce que le passeport sanitaire ne soit remis qu'à des personnes justifiant de leur identité et donnant sur le lieu de leur destination des indications précises et sûres.

Le régime du passeport sanitaire ne sera pas appliqué aux émigrants, pèlerins ou autres voyageurs que l'autorité sanitaire maritime estimerait prudent de maintenir en observation pendant la durée de la période d'incubation de la maladie redoutée.

Lorsque le navire a transporté des militaires ayant nécessité une surveillance spéciale, l'Autorité sanitaire adressera, dès l'arrivée au port et avant le débarquement, tous les renseignements utiles au Service de Santé militaire local. L'Autorité militaire locale fournira, de son côté, au Service sanitaire maritime toutes les indications utiles qu'elle posséderait sur ces militaires.

TITRE X

Autorités sanitaires.

Art. 120. — La police sanitaire du littoral est exercée par des agents relevant directement du ministre de l'Hygiène, de l'Assistance et de la Prévoyance sociales pour la France et du gouverneur général pour l'Algérie.

Art. 121. — Le littoral est divisé en circonscriptions sanitaires. Chaque circonscription est subdivisée en agences (agences principales et agences ordinaires).

Le nombre et l'étendue des circonscriptions et des agences sont déterminés par décision du ministre de l'Hygiène, de l'Assistance et de la Prévoyance sociales.

Pour l'Algérie, les circonscriptions sont déterminées par le gouverneur général ainsi que la répartition des agences.

Art. 122. — A la tête de chaque circonscription est placé un *directeur de la Santé*, nommé, dans les conditions fixées par le décret du 7 juin 1919, en France par le ministre de l'Hygiène, de l'Assistance et de la Prévoyance sociales, en Algérie par le gouverneur général.

Le directeur de la Santé est docteur en médecine.

Il a sous ses ordres des agents principaux, des agents ordinaires et des sous-agents échelonnés sur le littoral.

Les agents principaux remplissent les fonctions de chefs de service dans les départements où ne réside pas de directeur de la Santé.

Une direction comporte, en outre, un personnel d'officiers, d'employés et de gardes dont les cadres sont fixés, suivant les besoins du service, par décision soit du ministre de l'Hygiène, de l'Assistance et de la Prévoyance sociales, soit du gouverneur général de l'Algérie : elle peut comprendre un ou plusieurs médecins, docteurs en médecine, qui prennent le titre de *médecins de la Santé*.

Les médecins de la Santé et les médecins attachés aux lazarets sont nommés dans les conditions fixées par le décret du 7 juin 1919, en France par le ministre, en Algérie par le gouverneur général.

Art. 123. — Le directeur de la Santé est chargé d'assurer dans sa circonscription l'application des règlements et instructions sur la police sanitaire maritime.

Il délivre ou vise les patentes de santé pour le port de sa résidence.

Art. 124. — Le directeur de la Santé demande et reçoit directement les ordres soit du ministre de l'Hygiène, de l'Assistance et de la Prévoyance sociales, soit du gouverneur général de l'Algérie pour toutes les questions qui intéressent la santé publique.

Art. 125. — Le directeur doit se tenir constamment et exactement renseigné sur l'état sanitaire de sa circonscription et des pays étrangers avec lesquels celle-ci est en relations.

Art. 126. — En cas de circonstance menaçante et imprévue, le directeur peut prendre d'urgence telle mesure qu'il juge propre à garantir la santé publique, sous réserve d'en référer immédiatement soit au ministre de l'Hygiène, de l'Assistance et de la Prévoyance sociales, soit au gouverneur général de l'Algérie.

Art. 127. — Les directeurs doivent se communiquer directement toutes les informations sanitaires qui peuvent intéresser leur service.

Lorsque les circonstances le nécessitent, le directeur de la Santé communique personnellement au Service de Santé militaire local, ou au directeur du Service de Santé du corps d'armée, les renseignements d'ordre épidémiologique qu'il leur serait utile de connaître dans l'intérêt sanitaire des troupes,

Lorsque les circonstances le nécessitent, le directeur de la Santé communique personnellement dans les limites de sa circonscription, aux directeurs des Bureaux municipaux d'Hygiène des villes maritimes, ainsi qu'aux Inspecteurs départementaux d'Hygiène les renseignements d'ordre épidémiologique qu'il leur serait utile de connaître dans l'intérêt sanitaire des populations.

Art. 128. — Le directeur de la Santé adresse chaque mois au moins soit au ministre de l'Hygiène, de l'Assistance et de la Prévoyance sociales, soit au gouverneur général de l'Algérie, un rapport faisant connaître l'état sanitaire des ports de sa circonscription, et résumant les diverses informations relatives à la santé publique dans les pays étrangers en relations avec ces ports, ainsi que les mesures sanitaires auxquelles auraient été soumises les provenances desdits pays.

Ce rapport est accompagné d'un état des navires ayant motivé l'application de mesures spéciales. Pour les ports de l'Algérie, copies des rapports et états sont adressées au ministre de l'Hygiène, de l'Assistance et de la Prévoyance sociales par le gouverneur général.

Le directeur de la Santé avertit immédiatement soit le ministre, soit le gouverneur général de tout fait grave intéressant la santé publique de sa circonscription ou des pays étrangers en relations avec celle-ci.

Art. 129. — Les agents principaux et agents ordinaires, chacun pour la partie du littoral dont la surveillance lui est confiée, assurent, suivant les instructions et sous le contrôle des directeurs de la santé, l'application des règlements sanitaires.

A cet effet, ils reconnaissent l'état sanitaire des provenances, et leur donnent la libre pratique, s'il y a lieu. Ils font exécuter les règlements ou décisions qui déterminent les mesures d'isolement et les précautions particulières auxquelles les navires infectés ou suspects sont soumis. Ils s'opposent, par tous les moyens en leur pouvoir, aux infractions aux règlements sanitaires et constatent les contraventions par procès-verbal. Dans les cas urgents et imprévus ils pourvoient aux dispositions provisoires qu'exige la santé publique, sauf à en référer immédiatement et directement au directeur de la Santé de leur circonscription. Ils délivrent ou visent les patentes de santé pour les ports dans lesquels ils résident.

Art. 130. — En vertu des articles 12 et 13 de la loi du 3 mars 1822, les directeurs de la santé et les agents principaux et ordinaires ont droit de requérir pour le service qui leur est confié le concours du service du pilotage, de la force publique, et, dans les cas d'urgence, des officiers et employés de la marine, des employés des douanes et des contributions indirectes, des officiers et maîtres de ports, et au besoin de tout citoyen.

Ces réquisitions ne peuvent d'ailleurs enlever à leurs fonctions habituelles des individus chargés d'un service public, à moins que le danger ne soit assez pressant au point de vue sanitaire pour exiger momentanément le sacrifice de tout autre intérêt.

Art. 131. — Losqu'un navire français ou étranger, naviguant ou stationnant dans les eaux françaises sous la conduite ou le commandement d'un agent du service du pilotage, se trouve ou doit se trouver sous pavillon de quarantaine, ledit agent du pilotage est constitué garde sanitaire du navire, sans qu'il soit besoin pour cela de la réquisition spéciale visée à l'article précédent, jusqu'à ce que le navire ait obtenu la libre pratique ou que des dispositions aient été prises par l'Autorité sanitaire pour les mesures sanitaires à appliquer.

Art. 132. — Les agents ordinaires du service sanitaire sont choisis, autant que possible, parmi les agents du service des douanes; ils reçoivent une indemnité.

Le taux des indemnités est fixé par décision soit du ministre de l'Hygiène, de l'Assistance et de la Prévoyance sociales, soit du gouverneur général de l'Algérie.

Art. 133. — Les agents principaux, les capitaines et lieutenants de la Santé sont nommés soit par le ministre de l'Hygiène, de l'Assistance et de la Prévoyance sociales, soit par le gouverneur général de l'Algérie. Si les candidats appartiennent au service des douanes, leur nomination a lieu sur la désignation du directeur général de cette administration.

Art. 134. — Les gardes, patrons mariniers et mariniers, les agents, sous-agents et autres employés du service sanitaire sont nommés par le préfet, sur la présentation du directeur de la Santé ou de l'agent principal, si le candidat n'est pas un ancien militaire figurant sur les listes de classement pour l'emploi visé, et après entente avec le directeur des douanes, si l'agent désigné appartient à ce service.

Art. 135. — Les nominations visées aux articles 133 et 134 ci-dessus ne peuvent avoir lieu que sous réserve des prescriptions législatives ou réglementaires concernant les emplois affectés aux sous-officiers rengagés ou aux anciens militaires gradés, et en conformité des dispositions du décret du 2 juin 1920. Aucune désignation n'est faite par les préfets sans qu'il en ait été préalablement référé soit au ministre de l'Hygiène, de l'Assistance et de la Prévoyance sociales, soit au gouverneur général de l'Algérie.

Art. 136. — En vue des inspections et interrogatoires sanitaires auxquels ils procèdent et des procès-verbaux de contravention qu'ils peuvent avoir à dresser, les directeurs agents principaux, médecins, capitaines et lieutenants de la Santé prêtent serment, lors de leur entrée en fonctions devant le Tribunal civil de la résidence à laquelle ils sont initialement affectés. Cette disposition ne s'applique pas aux agents des Douanes, déjà assermentés à ce titre.

TITRE XI

Médecins sanitaires maritimes.

Art. 137. — Tout bâtiment à vapeur français affecté au service postal ou au transport d'au moins cent voyageurs, qui fait un voyage dont la durée, escales comprises, dépasse quarante-huit heures, depuis le départ jusqu'au retour dans le port d'armement, ou qui ayant au moins 60 personnes à bord (passagers et équipage), fait une traversée d'une durée de plus de 8 jours, depuis le départ jusqu'au retour dans le port d'armement, est tenu d'avoir à bord un médecin sanitaire.

Ce médecin qui porte le titre de médecin sanitaire maritime, doit être français et pourvu du diplôme de Docteur en médecine. Il doit présenter les conditions d'aptitude physique nécessaire et ne peut rester en fonctions au delà de 65 ans.

Art. 138. — Les médecins sanitaires maritimes sont choisis sur un tableau dressé par le ministre de l'Hygiène, de l'Assistance et de la Prévoyance sociales, après examen passé devant un jury qui est désigné par le ministre.

L'examen porte sur la bactériologie, l'épidémiologie, la prophylaxie et la réglementation sanitaire et leurs applications pratiques. Les conditions et les époques de l'examen sont arrêtés par le ministre de l'Hygiène, de l'Assistance et de la Prévoyance sociales.

Art. 139. — Sont dispensés de l'examen prévu à l'article précédent pour être inscrits au tableau des médecins aptes à remplir les fonctions de médecins sanitaires maritimes, les docteurs en médecine français qui ont obtenu le diplôme des instituts de médecine coloniale de Paris, Bordeaux ou Marseille, sous condition de justifier qu'ils ont subi d'une manière satisfaisante une interrogation complémentaire portant spécialement sur les lois et règlements applicables à la police sanitaire maritime.

Le ministre de l'Hygiène, de l'Assistance et de la Prévoyance sociales désigne les personnes chargées de procéder à cette interrogation en qualité, soit de membres du jury, soit d'adjoints délégués.

Art. 140. — Sont dispensés de l'examen prévu à l'article 138 cidessus pour être inscrits au tableau des médecins sanitaires maritimes les médecins de la marine et les médecins des colonies ayant exercé leurs fonctions pendant cinq années au moins.

Ces médecins peuvent être inscrits au tableau sur la présentation des directeurs de la Santé.

Art. 141. — Il est délivré aux candidats visés par les articles 138, 139 et 140 ci-dessus, s'ils sont agréés par le ministre de l'Hygiène, de l'Assistance et de la Prévoyance sociales, un certificat d'aptitude aux fonctions de médecin sanitaire maritime.

Art. 142. — Il est procédé chaque année dans le courant du mois de janvier à la révision du tableau institué par l'article 138 du présent règlement.

Sont seuls portés en tête de ce tableau, pour former une catégorie distincte, les médecins qui ont fait à bord des navires un séjour représentant une moyenne d'au moins un mois de navigation par an depuis leur inscription. Cette liste est publiée et affichée d'une manière permanente au siège de chaque circonscription sanitaire maritime.

Le titre de médecin sanitaire maritime est essentiellement lié à l'exercice des fonctions sanitaires sur les navires et ne peut être porté par les inscrits qu'autant qu'ils remplissent effectivement ces fonctions ou qu'ils figurent sur la première partie de la liste spécifiée ci-dessus.

Art. 143. — En vue de l'établissement du tableau annuel, il est tenu, au siège de chacune des circonscriptions sanitaires maritimes, un registre spécial indiquant les noms et prénoms des médecins, la date exacte de leur embarquement, les noms des navires et la nature des voyages effectués.

Les médecins sanitaires maritimes doivent se présenter, tant au départ qu'à l'arrivée, aux directeurs des circonscriptions sanitaires maritimes et apposer leur signature sur le registre ci-dessus prescrit, en regard des renseignements concernant leur voyage.

Art. 144. — Un extrait récapitulatif de ce registre est adressé au ministre dans les premiers jours du mois de janvier, faisant connaître pour chaque médecin la date de la décision ministérielle qui a autorisé son inscription au tableau et le nombre total des mois de navigation accomplis depuis lors. Dans ce nombre peuvent être compris tous les voyages effectués, alors même qu'ils l'auraient été en dehors des dispositions prévues par l'article 137 du présent règlement.

Cet envoi est accompagné, s'il y a lieu, des observations ou propositions des directeurs des circonscriptions sanitaires maritimes.

Art. 145. — Le médecin sanitaire maritime a pour devoir d'user de tous les moyens que la science et l'expérience mettent à sa disposition :

a) Pour préserver le navire des maladies transmissibles ;

b) Pour empêcher ces maladies, lorsqu'elles viennent à faire apparition à bord, de se propager parmi le personnel confié à ses soins et dans les populations des divers ports touchés par les navires.

Art. 146. — Le médecin sanitaire maritime s'oppose à l'introduction sur le navire des personnes ou des objets susceptibles de provoquer à bord une maladie contagieuse, conformément aux dispositions du présent règlement.

Art. 147. — Le médecin sanitaire maritime fait observer à bord les règles de l'hygiène. Il veille à la santé du personnel, passagers et équipage, et leur donne ses soins en cas de maladie.

Art. 148. — Le médecin sanitaire maritime se concerte avec le capitaine pour l'application des dispositions contenues dans le présent règlement.

En cas d'invasion à bord d'une maladie transmissible, il prévient immédiatement le capitaine et assure d'accord avec lui les mesures de préservation nécessaires.

Art. 149. — Le médecin sanitaire maritime inscrit jour par jour, sur un registre, toutes les circonstances de nature à intéresser la santé du bord.

Il mentionne les dates d'invasion, de guérison ou de terminaison par la mort, de tous les cas de maladies transmissibles, avec indication des détails essentiels que comporte la nature de chaque cas.

A chaque escale ou relâche, il consigne, sur son registre, la date de l'arrivée et celle du départ, ainsi que les renseignements qu'il a pu recueillir sur l'état de la santé publique dans le port et ses environs.

Il inscrit sur le même registre les mesures prises pour l'isolement des malades, la désinfection des déjections, la destruction ou la purification des hardes, du linge et des objets de literie, la désinfection des logements ; il indique la nature, les doses, le mode d'emploi des substances désinfectantes et la date de chaque opération.

Art. 150. — Le médecin sanitaire maritime est tenu, à l'arrivée dans un port français, de communiquer son registre à l'Autorité sanitaire, qui ne statue qu'après en avoir pris connaissance.

Il répond à l'interrogatoire de celle-ci et lui fournit de vive voix, ou par écrit si elle l'exige, tous les renseignements qu'elle demande.

Art. 151. — Les déclarations du médecin sanitaire maritime sont faites sous la foi du serment.

Le délit de fausse déclaration est poursuivi conformément aux lois.

Art. 152. — En cas d'infraction aux règlements sanitaires ou de non exécution des devoirs résultant de ses fonctions, ou lorsque le médecin sanitaire maritime cesse de répondre à l'une quelconque des conditions mises à l'exercice de sa fonction par l'article 137, § 2 ci-dessus, une décision ministérielle, prise après avis du jury institué par le décret du 7 juin 1919 pour l'examen des candidatures aux fonctions médicales du Service sanitaire maritime, l'intéressé entendu, peut prononcer la radiation dudit médecin, à titre temporaire ou définitif, du tableau dressé en vertu de l'article 138.

Art. 153. — Tout navire français visé à l'article 137 dont le capitaine ne peut, au moment du départ, justifier de la présence à bord d'un médecin sanitaire maritime régulièrement embarqué, ou d'un motif d'empêchement légitime, ne reçoit pas de patente de santé.

Le capitaine d'un navire français visé audit article 137 qui ne peut, à son arrivée dans un port français, justifier de la présence à bord d'un médecin sanitaire maritime régulièrement embarqué, ou d'un motif d'empêchement légitime, est passible des pénalités édictées par l'article 14 de la loi du 3 mars 1822, sans préjudice des mesures sanitaires exceptionnelles auxquelles son navire peut être assujetti pour ce motif et des poursuites qui pourraient être exercées en cas de fraude.

Art. 154. — Sur les navires qui n'ont pas de médecin sanitaire, les renseignements relatifs à l'état sanitaire et aux communications en mer sont recueillis par le capitaine et inscrits par lui sur son livre de bord.

TITRE XII

Navires de la Marine de guerre.

Art. 155. — Les dispositions du présent règlement concernant les mesures à prendre au départ et à l'arrivée des navires ne sont pas applicables aux bâtiments de la Marine de guerre française.

Toutefois, si des cas de maladies transmissibles visées dans les articles premier et 50 à 87 du présent règlement ont été observés pendant la traversée, ou existent lors de l'arrivée du navire dans un port de France ou d'Algérie, la déclaration en sera faite à l'Autorité sanitaire de ce port qui sera invitée à collaborer dans l'intérêt de la Santé publique avec les services compétents de la Marine.

TITRE XIII

Droits sanitaires.

Art. 156. — Les droits sanitaires sont :

a) **Droit de reconnaissance à l'arrivée,** savoir :

Navires naviguant au cabotage français (l'Algérie comprise) d'une mer à l'autre, par tonneau.....	0 fr.	05
Navires naviguant au cabotage international, par tonneau..................................	0	10
Navires naviguant au long cours, par tonneau.....	0	15
Navires faisant un service régulier d'un port européen dans un port de la Manche ou de l'Océan, par tonneau..................................	0	05
Navires venant d'un port étranger dans un port français de la Méditerranée, si la durée habituelle et totale de la navigation n'excède pas douze heures, par tonneau.........................	0	05

Les navires appartenant à ces deux dernières catégories pourront contracter des abonnements de six mois ou d'un an. L'abonnement sera calculé à raison de 0 fr. 50 par tonneau et par an, quel que soit le nombre des voyages.

Navires à vapeur faisant escale sur les côtes de France pour prendre ou laisser les voyageurs :

S'ils viennent d'un port européen :

Par voyageur embarqué ou débarqué............	0 fr.	50
Par tonneau de marchandises débarquées jusqu'à concurrence de 3 tonneaux...................	0	10

S'ils viennent d'un port situé hors d'Europe :

Par voyageur embarqué ou débarqué	1	»
Par tonneau de marchandises débarquées jusqu'à concurrence de 3 tonneaux...................	0	15

S'il s'agit de navires affectés à des voyages d'excursion sur les côtes de France ou d'Algérie :

Par passager se trouvant à bord à l'arrivée du navire .... 0 fr. 10

b) **Droit de station**, payable par les navires soumis à l'isolement, par jour et par tonneau.......... 0 fr. 03

c) **Droits de séjour dans les stations sanitaires et lazarets**, par jour et par personne :

1re classe	2 fr.	»
2e —	1	»
3e —	0	50

d) **Droits de désinfection :**

1° Désinfection du linge sale, des effets à usage, des objets de literie du bord et de tous autres objets ou bagages considérés comme contaminés :

Par voyageur débarqué 1re classe...............	1 fr.	»
— 2e —	0	50
— 3e	0	25
Par homme de l'équipage (état-major compris)....	0	25

2° Désinfection des marchandises :

Désinfection pratiquée à bord des navires, par tonneau de jauge..........................	0	05

Marchandises débarquées pour être désinfectées :

Marchandises emballées, par 100 kilos...........	0	50
Cuirs, les 100 pièces...........................	1	»
Petites peaux non emballées, les 100 pièces.......	0	50

3° Désinfection des chiffons et des drilles :

Par 100 kilos..................................	0	50

4° Désinfection du navire ou de la partie du navire contaminée :

Pour le navire entier : par tonneau de jauge...... 0 fr. 02

Si la désinfection ne porte que sur la partie du navire contaminée le droit est réduit de moitié.

Les droits de désinfection déterminés par les paragraphes 1, 2 et 4 ci-dessus peuvent être réduits de moitié pour le navire qui, ayant à bord un médecin sanitaire nommé ou agréé par le gouvernement du pays auquel appartient le navire et une étuve à désinfection dont la sécurité et l'efficacité ont été constatées, justifierait que toutes les mesures d'assainissement et de désinfection ont été régulièrement appliquées au cours de la traversée conformément aux prescriptions du présent décret.

Tous les droits sanitaires sont à la charge de l'armement. Les frais résultant soit des manipulations, main-d'œuvre et transport, soit de l'emploi des désinfectants chimiques, sont également à la charge de l'armement. S'il s'agit de chiffons et de drilles la dépense est, suivant l'usage, au compte de la marchandise.

Les classifications et tarifs déterminés par le présent article ne sont pas applicables en Algérie.

Art. 157. — Les navires naviguant au cabotage français (l'Algérie comprise) dans la même mer sont exemptés du droit de reconnaissance.

Art. 158. — Les navires qui, au cours d'une même opération, entrent successivement dans plusieurs ports situés sur la même mer ne payent le droit de reconnaissance qu'une seule fois au port de première arrivée.

Art. 159. — Les militaires et marins, les enfants au-dessous de sept ans, les indigents embarqués au frais du gouvernement ou d'office par les consuls sont dispensés des droits sanitaires.

Art. 160. — Les droits sanitaires applicables aux émigrants ou aux pèlerins voyageant en vertu d'un contrat sont à la charge de l'armement.

Art. 161. — Sont exemptés de tous les droits sanitaires déterminés par les articles précédents :

1° les bâtiments de guerre et les bateaux appartenant aux divers services de l'État ;

2° les bâtiments en relâche forcée ou volontaire, pourvu qu'ils ne donnent lieu à aucune opération sanitaire et qu'ils ne se livrent dans le port qu'à des opérations de ravitaillement ou d'approvisionnement de charbon ;

3° les bateaux de pêche français ou étrangers, y compris les transports rapportant le poisson dans les ports français, pourvu que ces différents bateaux ne fassent pas d'opérations de commerce dans les ports de relâche ;

4° les bâtiments allant faire des essais en mer, sans se livrer à des opérations de commerce.

Art. 162. — La perception des droits sanitaires est confiée au service des douanes.

TITRE XIV

Dispositions générales.

Art. 163. — Des médecins sanitaires français sont établis en Orient ; leur nombre, leur résidence et leurs émoluments sont fixés par le ministre de l'Hygiène, de l'Assistance et de la Prévoyance sociales.

Ces médecins sont chargés de renseigner les agents du service consulaire français, l'administration supérieure et, en cas d'urgence, les directeurs de la santé sur l'état sanitaire des pays où ils résident.

Art. 164. — Les agents de la France au dehors doivent se tenir exactement informés de l'état sanitaire du pays où ils résident et adresser au département dont ils relèvent pour être transmis au ministre de l'Hygiène, de l'Assistance et de la Prévoyance sociales, les renseignements qui importent à la police sanitaire et à la santé publique de France. S'il y a péril, ils doivent, en même temps, avertir l'autorité française la plus voisine ou la plus à portée des lieux qu'ils jugeraient menacés.

Art. 165. — Les chambres de commerce, les capitaines ou patrons de navires arrivant de l'étranger, les dépositaires de l'autorité publique, soit au dehors, soit au dedans, et généralement toutes les personnes ayant des renseignements de nature à intéresser la santé publique, sont invités à les communiquer aux autorités sanitaires.

Art. 166. — Des règlements locaux, approuvés soit par le ministre de l'Hygiène, de l'Assistance et de la Prévoyance sociales, soit par le gouverneur général de l'Algérie, déterminent pour chaque port, s'il y a lieu, les conditions spéciales de police sanitaire qui lui sont applicables en vue d'assurer l'exécution des règlements généraux.

Art. 167. — Les dépenses du service sanitaire sont réglées annuellement, en prévision, par des budgets spéciaux préparés par les directeurs de la santé pour chacun des départements de leur circonscription et approuvés, sur l'avis des préfets, soit par le ministre de l'Hygiène, de l'Assistance et de la Prévoyance sociales, soit par le gouverneur général de l'Algérie.

Aucune dépense ne peut être ni effectuée, ni engagée en dehors de ces budgets sans une autorisation expresse du ministre ou du gouverneur à moins toutefois qu'il n'y ait urgence. Dans ce cas, il en est référé immédiatement au ministre ou au gouverneur pour faire régulariser la dépense effectuée ou engagée.

Aussitôt après la clôture de l'exercice financier, les directeurs de la santé adressent au ministre ou au gouverneur, par l'intermédiaire des préfets et indépendamment des pièces exigées par les règlements sur la comptabilité, un compte détaillé des dépenses ordinaires ou extraordinaires effectuées au cours de l'exercice dans chacun des départements de leur circonscription.

Art. 168. — Sont abrogés les décrets des 4 janvier 1896, 15 juin 1899, (art. 3), 23 novembre 1899, 13 décembre 1901, 8 novembre 1905, 4 mai 1906, 5 avril 1907 et 13 janvier 1912.

Art. 169. — Le ministre de l'Hygiène, de l'Assistance et de la Prévoyance sociales et les ministres de la justice; des affaires étrangères ; des finances ; de la guerre ; de la marine ; des travaux publics ; du commerce et de l'industrie ; de l'agriculture ; des colonies ; et de l'intérieur sont chargés, chacun en ce qui le concerne, de l'exécution du présent décret qui sera publié au *Journal officiel* de la République française et inséré au *Bulletin des lois*.

Fait à Paris, le 26 novembre 1921

A. MILLERAND.

Par le Président de la République :

Le Ministre de l'Hygiène,
de l'Assistance et de la Prévoyance sociales,

G. LEREDU.

Le Ministre de la Justice,

L. BONNEVAY.

Le Président du Conseil,

Ministre des Affaires étrangères, par intérim,

L. BONNEVAY.

Le Ministre des Finances,

Paul DOUMER.

Le Ministre de la Guerre,

Louis BARTHOU.

Le Ministre de la Marine,

GUIST'HAU.

Le Ministre des Travaux publics,

Yves LE TROCQUER.

Le Ministre du Commerce et de l'Industrie

Lucien DIOR.

Le Ministre de l'Agriculture,

E. LEFEBVRE DU PREY.

Le Ministre des Colonies.

MAGINOT.

Le Ministre de l'Intérieur,

Pierre MARRAUD.

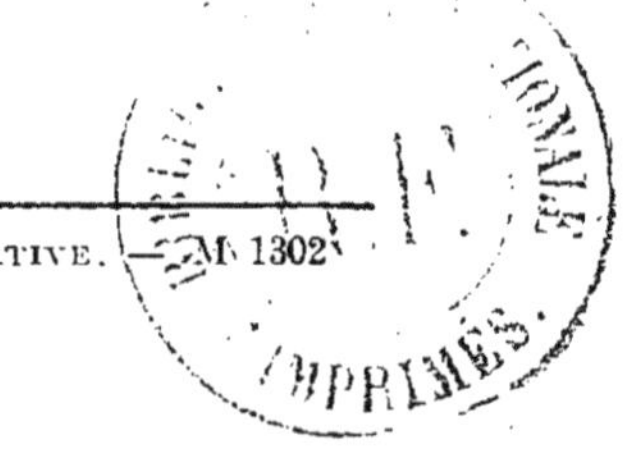

1926. — MELUN. IMPRIMERIE ADMINISTRATIVE. — M. 1302

www.ingramcontent.com/pod-product-compliance
Ingram Content Group UK Ltd.
Pitfield, Milton Keynes, MK11 3LW, UK
UKHW021510260726
13993UKWH00004B/1627